◆印は不明確な年号、ころの意味です。

文化	世界の動き	西暦
		1600
1603 出雲の阿国、京で歌舞伎踊		
1607 林羅山、幕府の儒者となる		
1609 豊臣秀頼、方広寺大仏殿着工		
姫路城完成		
1615 本阿弥光悦、鷹峰に村をつくる	1616 ヌルハチ、後金を建国	
1617 日光東照宮へ徳川家康を改葬	1618 ドイツ＝30年戦争（—1648）	
狩野探幽、幕府絵師となる		
1620◆俵屋宗達『源氏物語関屋澪標図』	1620 清教徒、新大陸に移住	
1626 狩野探幽、二条城の襖絵を描く		
1630 キリスト教関係書の輸入禁止		
1635 狩野探幽『東照宮縁起絵巻』	1632 ガリレオ『天文対話』	
1636 日光東照宮完成		
	1642 イギリス＝清教徒革命	
1639 江戸城内紅葉山に書庫をつくる		
	1643 フランス＝ルイ14世即位	
1657 徳川光圀『大日本史』編集に着手	1644 清、中国を統一	1650
1670◆菱川師宣、浮世絵をはじめる		
1675 西山宗因、談林風俳諧を樹立	1665 ニュートン万有引力の法則発見	
1682 井原西鶴『好色一代男』		
1685 松尾芭蕉『野ざらし紀行』		
1694 松尾芭蕉『奥の細道』	1688 イギリス＝名誉革命	
1703 近松門左衛門『曾根崎心中』		1700
	1707 大ブリテン王国成立	
1713 貝原益軒『養生訓』		
1715 新井白石『西洋紀聞』	1713 ユトレヒト条約	
1720 近松門左衛門『心中天網島』		1720

目　次

徳川家康	文・大塚夏生 絵・もりとう博	6
松尾芭蕉	文・ワシオトシヒコ 絵・鮎川　万	20
近松門左衛門	文・有吉忠行 絵・岩本暁顕	34

支倉常長	文 有吉忠行　絵 大久保浩	48
出雲の阿国	文 松下忠實　絵 福田トシオ	50
宮本武蔵	文 有吉忠行　絵 高瀬克嗣	52
山田長政	文 有吉忠行　絵 高瀬克嗣	54
俵屋宗達	文 有吉忠行　絵 福田トシオ	56
狩野探幽	文 有吉忠行　絵 岩本暁顕	58
徳川家光	文 有吉忠行　絵 高瀬克嗣	60
読書の手びき	文 子ども文化研究所	62

せかい伝記図書館　25

徳川家康
松尾芭蕉
近松門左衛門

いずみ書房

> # 徳川家康
> とくがわいえやす
> （1542—1616）
>
> 関ヶ原の戦いで天下の実権を握り、江戸幕府を開いて近世封建社会の確立をすすめた将軍。

●人質の時代

　1603年から1867年までの265年のあいだ、日本の国の政治は、江戸幕府の力でおこなわれました。徳川家康は、織田信長、豊臣秀吉らが活躍した戦国時代を生きぬき、その江戸幕府のきそをきずいた武将です。

　　織田がつき羽柴（豊臣）がこねし天下もち
　　　　　坐りしままに食うは徳川

　織田信長と豊臣秀吉が苦労してとった天下を、家康がらくらくと受けついだという狂歌（こっけいな短歌）が残っています。家康のぬけめのないところが、よくでています。しかし、食うか食われるかの戦乱の世では、とうぜんのことだったのかもしれません。

　幼名を竹千代といった家康は、三河国（愛知県）岡崎城主の松平広忠の子として生まれました。しかし、領主

の子に生まれたというのに、幼年時代、少年時代の竹千代は、けっして幸せではありませんでした。
　西の尾張（愛知県名古屋地方）の織田信秀（信長の父）。東の駿河（静岡県）の今川義元。この織田氏と今川氏にはさまれた三河の大名である父は、いつもおびえていなければならない弱い大名でした。
　松平家が生き残る道は、織田氏か今川氏のどちらかによるしかありません。そこで竹千代は、5歳のときに人質として今川氏のもとへ送られることになってしまったのです。戦国の世を生きぬくための悲しい知恵でした。
　ところが、人質として駿河へむかう途中、田原城主の

戸田康光にうばわれて織田氏へ売られ、竹千代がつれていかれたのは尾張でした。こうして竹千代は織田氏の人質となり、およそ12年のとらわれの生活が始まりました。

織田信秀は、竹千代を手に入れたことをよろこび、竹千代の父広忠に味方になるようにいいました。しかし、広忠は、今川氏をおそれて、それをことわりました。広忠は、織田氏と関係のある城主の娘を妻にむかえましたが、その妻とも縁を切ってしまうほどに、今川氏との対立をおそれていたからです。

このようなことから2歳のときに母とも離れていた竹千代は、弱い戦国大名の子として生まれた苦しみに、歯をくいしばって耐えねばなりませんでした。

とらわれの身になって、2年にもならないとき、さらに大きな悲しみが追いかけてきました。父が、家来の手で殺されたという知らせがとどいたのです。そのうえ、岡崎城は今川氏にうばわれてしまいました。

ところが、それからまもなく、竹千代は、岡崎城へもどることができました。今川氏が、岡崎城に近い安祥城を攻め落として織田信広を生けどりにすると、織田氏の人質竹千代と今川氏の人質信広との交かんがまとまり、竹千代は、今川氏の手に渡されたからです。

「三河国も、これで、たてなおしができる」

　岡崎城の、亡き父に仕えていた家来たちは、7歳の竹千代をむかえて、なみだを流してよろこびました。
　しかし、松平一族がよろこんだのも、つかの間のことでした。竹千代は、ふたたび今川氏のもとへつれて行かれ、岡崎城に残された松平氏の武士たちは、今川氏の戦のときにはいつも先頭に立たされるような、苦しい運命につき落とされてしまいました。
　竹千代は、13歳のとき、今川氏にとらわれの身のまま元服して、名を松平元信とあらためました。人質の竹千代は、今川氏に思いのほかたいせつにされました。父が生きているあいだに、今川氏と手をむすぼうとしてい

たからかもしれません。駿府（静岡市）では、出家してあまになっている祖母に会うこともできましたし、今川氏の家臣から、武士としての学問を習うこともできました。

16歳になったとき、今川義元から、三河の寺部城を攻める命令が下りました。元信には初めての戦いです。このとき元信は名を元康とあらため、戦国大名になるにふさわしい、りっぱなはたらきをしました。

●信長との時代

1560年、今川義元は、桶狭間で織田信長におそわれてとつぜん亡くなりました。義元は、京へ上って、天下を統一しようとしていたところでした。

義元の死を知った元康は、このときをのがさず、岡崎城へ帰りました。長い人質の苦しみは終わったのです。

岡崎城主になった元康は、義元の子の氏真が、おくびょうな大名であることを知っていました。

「これは、今川氏からはなれ、織田氏と手をむすんだほうが、かしこいかもしれない」

そう考えた元康は、織田信長と協力をちかいあいました。そして、三河国の乱れをおさめることに力をそそぎ、やがて名を、家康と名のりました。

そのころの三河は、仏教の信者たちが領主に反抗する

　一向一揆が各地に起こり、領内の荒れかたはひどいものでした。悪いことに、信者は家来のなかにもいました。
　すっかり手をやいた家康は、一揆を起こした者たちの罪をゆるすことを約束して、やっと反抗を静めました。ところが、一揆がおさまったとみると約束をやぶり、寺をこわして僧を追いはらってしまいました。これで三河は統一されましたが、家康のやりかたは、知恵をはたらかせたというより、少しずるいものでした。
　同盟をむすんだのち、信長は西へ、家康は東へ軍を進めることになっていました。しかし、家康は、三河の統一に少し時間がかかりすぎました。

24歳のときに姓を松平から徳川に改めた家康は、数年ご、遠江（静岡県）に進入しました。遠江の掛川城から氏真を退去させて、遠江をほぼ平定したとき、27歳になっていました。
　信長と連合して、近江（滋賀県）で浅井長政、朝倉義景の軍をやぶった姉川の戦いは、そのよく年のことです。
　1572年、家康が29歳の年、おそれていた甲斐（山梨県）の武田信玄が、兵をあげて遠江、三河に攻め込んできました。家康は、信玄の軍を三方原にむかえうちました。しかし、さんざんな敗け戦となり、命からがら戦場をのがれたということです。
　ところが、戦のうまさでは、家康よりすぐれていた信玄も病気には勝てず、とつぜん亡くなってしまいました。
　2年ごに、信玄の子勝頼とのあいだに起こった長篠の戦いでは、家康は信長と連合し、鉄砲隊をつかって大勝利をおさめました。そして、1582年、40歳のときには、やはり信長とともに甲斐を攻めて、ついに武田氏を滅ぼしてしまいました。武田氏を倒したことで、信長の天下統一への道は、大きく開かれました。
　家康は、信長の片腕となってはたらきました。同盟を結んでいるといっても、信長と家康の力には、まだまだ開きがあったからです。

　長篠の戦いから4年ごに、こんなことがありました。家康の妻と長男の信康が、武田氏と通じているといううわさが流れたのです。同盟を結んでいた信長の耳にも入りました。家康は、自分の身のけっ白を見せる態度をとらなければなりません。苦しみ悩んだ末、妻を殺し、信康には切腹を命じました。戦国大名の悲しさと、きびしさは、いつになっても、つづきました。

●秀吉との時代

　本能寺の変で、天下統一まであと一歩とせまっていた信長が、家来の明智光秀に攻められ自殺をすると、光秀を

討ちとった羽柴（豊臣）秀吉が力をあらわしてきました。
　京にいた家康は、身の危険をさけるために三河にもどり、この世の中の乱れを利用して、甲斐、信濃（長野県）南部に勢力をのばし、あっという間に5か国をおさめる大名になりました。
　1584年、秀吉と気が合わない信長の子信雄が、家康のもとへ身をよせてきたために、家康は秀吉と戦わなければならなくなりました。これが小牧・長久手の戦いです。
　この合戦は、勝敗が決まらないまま、半年以上もつづきました。しかし、信雄と秀吉が仲なおりをすると、家康もこれに従って、兵をひきあげました。
　戦いの決着を急いでつけずに、自分の有利になるまで待つという家康の戦い方は、このときからあらわれています。この戦いののち家康は、秀吉にかえって重く用いられるようになりました。戦いに勝てなかった秀吉が、家康の力をおそれるようになったからです。
　1590年、秀吉は、天下統一の最後の仕上げともいうべき小田原の後北条氏を討ちました。その先鋒が家康の軍でした。家康は大きな手がらをたて、ほうびとして、秀吉から、関東の領地をもらい、国替えをいいわたされました。しかし、これは、ほうびというよりも、東海、中部という広い土地を支配していた家康を、都から離れ

た関東へ追いやることによって、自分を守ろうとした秀吉の考えによるものでした。
　家康の家来のなかには、国替えに反対するものもいました。しかし家康は、領土が広いので、たとえ辺ぴな土地でも、軍を十分たてることはできると、江戸を中心に関東の町づくりに力をそそぎました。
　政治的にもたくみな才能をみせ、秀吉に従う大名のなかでも、ゆるぎない地位をもつようになった家康は、五大老の筆頭をつとめました。秀吉が２度にわたっておこなった朝鮮出兵にも反対の態度をつらぬき、自分の兵は朝鮮に送らず、着実に権力の座を固めました。

● 家康の時代

　1598年に秀吉が亡くなると、家康は、きゅうに権力者としての大きな力をふるうようになりました。ところが、秀吉にかわいがられていた五奉行のひとり石田三成も、やはり、権力者としての地位をねらっていました。
　1600年、天下分けめの関ヶ原の戦いが起こりました。関ヶ原（岐阜県）でにらみあったのは、家康の東軍、およそ10万と、三成の西軍、およそ9万です。
　戦いは9月15日の朝、霧のなかで始まり、6時間あまりで家康の大勝利に終わりました。西軍から東軍へねがえり、家康に味方をする大名があらわれたからです。
　関ヶ原の戦いに勝った家康は、手がらをたてた大名たちに、ほうびとして領地をあたえ、いっぽうでは、国替えを命じました。敵だった大名からは領地をとりあげ、国じゅうの大名を、思うままにあつかいました。
　1603年、61歳の家康は、朝廷から征夷大将軍に任命されて、ついに、武家政権を開きました。江戸幕府です。そして2年ごには、将軍職は徳川家がひきついでいくことを世にしめすために、将軍職を3男の秀忠にゆずりました。でも、ゆずったのは形だけです。じっさいは「大御所」として、家康が権力をにぎっていました。

　家康が、将軍職を秀忠にゆずったことを知っておどろいたのは、豊臣の一族です。豊臣氏は、家康はあくまでも太閤秀吉の家来であり、家康が将軍職についたのは、秀吉がのこした秀頼が成人するまでのことだと信じていたからです。家康は、しだいに、豊臣の一族ににくまれるようになっていきました。

　しかし、実力だけがものをいう時代です。全国の大名を従え、江戸城を建てなおし、江戸の町をつくりなおすうちに、徳川氏の力は、もう、豊臣氏とはくらべものにならないほど、大きなものになっていました。

　家康は、豊臣氏ににくまれはじめていることはわかっ

ていても、一気に討ってしまうことはさけて、じっと、時がくるのを待ちました。ひとつには、秀頼のもとへ、自分の孫の千姫をとつがせていたからです。

　1609年、家康は、豊臣氏の財力をへらすために、地震でこわれた京都東山方広寺の大仏殿の建てなおしを、豊臣氏にすすめました。方広寺は、秀吉が建てた寺です。豊臣氏は、家康のすすめに応じました。ところが、まもなく完成というところで、家康は、大仏殿の鐘にほられた「国家安康、君臣豊楽」という文字を見つけました。
「これは、家と康を切りはなして家康をのろい、豊臣氏の栄えることを祈ったものだ」
　家康は、こんないいがかりをつけて、これを機会に、豊臣氏を討つことを決めました。家康72歳の冬です。

　大坂城を、徳川軍がとり囲みました。約20万の大軍です。豊臣軍は、落ちぶれた大名や浪人を中心にした12、3万でした。しかし、大坂城は、2重の堀に囲まれた攻めにくい城です。かんたんには落ちません。

　家康は、秀頼に有利な条件をだして、ひとまず仲なおりしました。ただ、徳川軍がひきさがるときに堀を埋める条件をつけることを、忘れませんでした。

　豊臣氏は、堀ぐらいならと、この条件をのみました。すると、外堀を埋めた徳川軍は、豊臣軍が埋める約束に

　なっていた内堀までも、あっという間に埋めてしまいました。こうなっては、大坂城は、はだかどうぜんです。
　家康は、それから４か月ごに、秀頼にしめした約束をやぶって、ついに大坂城を攻め、秀頼を自害させて豊臣氏を滅ぼしてしまいました。これが、大坂冬の陣、夏の陣とよばれる、２度の戦いです。
　しかし、家康は、この夏の陣から１年もたたないうちに、74歳の生涯を終えてしまいました。
　戦いに才能を発揮したばかりでなく、大名が守らねばならない一国一城令や武家諸法度を定めて、幕府の体制を固めるなど、政治家としてもすぐれた武将でした。

松尾芭蕉

(1644—1694)

旅に生きて自然を愛し、人生のものさびしさを深くうたいあげた江戸時代の俳人。

●江戸へでて俳諧の道へ

　五・七・五の句に、さらに七・七の句をつけ、それを交互につづけていく歌を、俳諧のなかでも、とくに連歌といいます。おもしろみをねらい、何人かの人がいっしょになって、よみつらねていくものです。そして、そのいちばん初めの五・七・五の句を発句とよび、やがて、それだけが独立して、俳句となりました。松尾芭蕉は、それまで遊びのようだった俳諧を、俳句によって、すばらしい文学にまで高めるきそをつくった俳人です。
　芭蕉は、江戸時代の初めに、伊賀国（三重県）上野の城下町で松尾与左衛門の次男として生まれました。父は、松尾という、武士だけにゆるされたみょう字をもっていました。しかし、武士としての位はたいへん低く、農民に近かったのではないかといわれています。芭蕉の幼い

　ときの名は金作といいましたが、少年時代のことは、ほとんどわかっていません。
　17、8歳のころ、藩の侍大将をつとめる藤堂新七郎に、新七郎の息子の良忠の相手役としてつかえました。良忠は、芭蕉よりも2歳年上でしたが、ふたりは、またたくまに兄弟のように仲よくなりました。芭蕉が俳諧に心ひかれるようになったのは、良忠が、京都の俳人北村季吟に、歌を学んでいたからだといわれています。芭蕉も良忠といっしょに季吟に学び、そのころ宗房と名のっていたのをソウボウと読んで、いくつもの句をつくりました。
　ところが、芭蕉が22歳のとき、良忠は結核におかさ

れて亡くなってしまいました。芭蕉の悲しみは、たとえようもありません。良忠のかたみを高野山（和歌山県）へおさめる使者の役を果たし終えたのち、藤堂家へ、仕官をしりぞくことをねがいでました。しかし、ねがいは許されませんでした。やがて芭蕉は、良忠がいないうえに、このままでは自分の出世のみこみもないことを考えて、すっかりむなしい気持ちになり、藤堂家から、だまって身をひいてしまったということです。

　それから5年くらいのあいだのことは、よくわかっていません。京へでて季吟のもとで勉強をつづけていたとも、また、伊賀にとどまっていたとも伝えられています。ただ、俳人への道を歩みはじめていたことはたしかです。

　28歳のとき、芭蕉は、伊賀に住む俳人たちの発句を集めて句集をつくりました。しかし、このころすでに、貞門派とよばれた季吟の句には、あきたらなくなっていました。自由な心よりも、言葉をたいせつにする貞門派の句は、形にはまりすぎていると思えたからです。

「もっと新しい句があるはずだ。江戸（東京）へでて、俳諧師をめざして勉強にうちこもう」

　芭蕉は、俳諧の道で自分の人生をきりひらいていくことを心に決めて、江戸へ行きました。ところが、初めの10年ほどは、俳諧ひとすじに生きるどころか、知人の

家を泊まり歩き、神田上水の工事に汗を流し、貧しい暮らしと、けんめいに闘わなければなりませんでした。でも、どんなに苦しくても、俳諧の勉強だけはつづけました。

●芸術へ高めた17文字の世界

そのころの江戸では、西山宗因を中心に、談林派とよばれる俳諧が流行していました。形にとらわれる貞門派とは大きくちがいます。どんなに奇抜なことでも、自分の考えを自由にひょうげんしようとする流派です。

芭蕉は、桃青という名で、その談林派にくわわりました。そして、句作にはげむいっぽう、中国の漢詩にひめ

られている奥深さを学ぶうちに、桃青の名はしだいに広まり、弟子さえ、かかえるようになっていきました。

1680年、36歳の年に、20人の弟子たちの句をえらんで句集を出版しました。芭蕉は、もう、おしもおされもしない、俳諧の宗匠（先生）になったのです。

「弟子たちといっしょに、新しい句を生みだしていこう」

おおくの弟子たちにしたわれれば、したわれるほど、自分の句をみがいていかなければなりません。弟子たちの信頼にも、こたえなければなりません。芭蕉は、談林派にもみられなかった、味わい深い句の世界を求め、しだいに、落ちついてしぶみのある、枯れた句をよむようになっていきました。

　　枯れ枝に烏のとまりけり秋の暮れ

この句は、芭蕉が、37歳のころつくったものです。すっかり葉を落としてしまった枯れ木にとまっている、1羽の烏。それに秋の夕暮れのさびしさをかさねあわせて、しみじみとした風景がみごとによまれています。

　　古池や蛙飛びこむ水の音

これは、名句として、あまりにも有名です。芭蕉が40歳をすぎてからの句です。水がとろりとよどんだ古い池にとびこんだ、1匹のカエル。静けさをやぶった小さな水音のふしぎさに、芭蕉は感動したのでしょう。

「自然の美しさ、深さを心でとらえて、もっと、かおりの高い句を……」

芭蕉は、五・七・五の17文字の句を、ひとつの芸術にまで高めることをねがったのです。

●弟子が植えてくれた芭蕉の木

1680年の冬、弟子たちの助けで江戸の深川に、芭蕉のための小さな庵ができました。まわりには家もなく、葦や雑草が、庵をおし包むようにして生い茂っているところでした。芭蕉が、このようなさびしい場所へ移り住んだのは、俳諧師として有名になればなるほど、人びと

にもてはやされるわずらわしさを、きらったからだといわれています。いつも純粋に澄んだ心で句にむかい、静かに俳諧を愛していきたかったのでしょう。

　つぎの年の春、弟子のひとりの李下がやってきました。
「お師匠さま、よいものをもってまいりました」
　李下がかかえてきたのは、1株の芭蕉の木でした。
「どちらにしましょうか、ここらでいいですか」
　李下は、芭蕉の木を、庭に植えました。あたりには葦などの根がはびこっています。芭蕉は、李下が植えてくれるのを見ながら、根がつくかどうか心配でした。
　ところが、季節がかわるうちに、芭蕉の木は大きな葉を青い空にむかって、いくつものばしていきました。そして、たずねてきた弟子たちは、この木のみごとさにおどろき、いつからともなく、この庵を「芭蕉庵」とよぶようになりました。
「それでは、いっそのこと、わたしの名も、これからは芭蕉ということにしましょう」
　ある日、芭蕉の口から、こんな言葉がもれました。芭蕉という俳号（俳人の名）は、こうして生まれたのです。

●人生を旅に求めて

　芭蕉は、李白や杜甫など中国の詩人の詩にしたしみま

した。日本の古い歌も愛しました。また、禅の世界に足をふみ入れたこともありましたが、いちばん心をひかれたのは、日本のふたりの歌人、西行と宗祇でした。西行は、旅から旅をつづけて歌ひとすじに生きた、平安時代の終わりごろの歌人です。また宗祇も、一生のほとんどを旅に暮らして連歌をひろめた、室町時代の歌人です。
「わたしも、西行や宗祇のように旅にでて、おおくの人に会い、いろいろな自然にふれてみたいものだ」
　こんな思いがつのった芭蕉は、40歳の年の夏からおよそ9か月、前の年に亡くなった母の墓まいりをかねて、大和（奈良県）近江（滋賀県）や美濃（岐阜県）甲斐

（山梨県）などをめぐりました。そして、つぎの年に、その旅のことをまとめて『野ざらし紀行』を著わしました。

　また、さらに数年のあいだに、常陸（茨城県）の鹿島や、信州の更科などへの旅をかさね、つぎつぎに『鹿島紀行』『更科紀行』を書きしるしました。

　旅先の土地に住む弟子たちの家にわらじをぬいでは、連歌を楽しみ、美しいけしきや月をながめては句をよみながらの旅です。なにものにもわずらわされずに、いつも清らかな心で自然を見つめつづけた芭蕉は、旅をかさねればかさねるほど、もののほんとうのすがたをとらえる俳諧を、自分のものにしていきました。そして、この芭蕉の心は、句に表われるだけではなく、おおくの弟子たちにもしぜんのうちに伝わり、やがて、蕉風とよばれる奥深い句の世界を生みだしていったのです。

●静けさを句に、悲しさを句に

　野をわたる風。谷川のささやき。空にあそぶ雲。こんなことへの思いを、おさえきれなくなった芭蕉は、1689年には、弟子の曽良をともなって、奥羽・北陸地方への旅にでました。紀行文『奥の細道』にしるされている、およそ2400キロメートルの旅です。

　　行く春や鳥なき魚の目はなみだ

　芭蕉は、たくさんの弟子たちに見送られて江戸を出発するとき、こんな句をよみました。すぎ去ろうとしている春を惜しみながら、鳥はなき、魚は目になみだをためて悲しんでいるという別れの句です。そのころ、ひらけるのがおくれていた北国への旅は、想像するだけでも、きびしいものだったのです。
　「もしかすると、もう、生きて帰ってくることはできないかもしれない。いや、旅に生き、旅に死ねたら、これこそ、のぞむところではないか」
　旅立つとき芭蕉は、中国の詩人の杜甫も李白も、日本の歌人の西行も宗祇も、みんな、旅の空の下で世を去っ

たことを思い返したのか、こんなことを、心ひそかにかくごしたということです。

旅は、予想どおり、苦しいものでした。道にまよい、野原のまんなかで、とっぷりと日が暮れてしまったこともありました。泊まる宿もなく、雨もりのするあばら家で夜を明かしたこともありました。

しかし、どのような思いがけないことにであっても、芭蕉には、なんでもないことでした。死のかくごさえして、旅にでてきたのですから……。

日光（栃木県）をぬけて、白河の関（福島県）をとおり、静かな海に無数の大小の島が浮かぶ松島（宮城県）へ着いたときには、あまりの風景のすばらしさに、句をつくるのも忘れてしまうほどに感動しました。

江戸をでて２か月、５月の中ごろ平泉（岩手県）にからだを休めました。平泉は、平安時代に、藤原氏の清衡、基衡、秀衡の三代が、大きな館をかまえて栄えていたところです。また、兄の頼朝に追われて逃げのびてきた源 義経が、悲しい最期をとげたところです。

「国破れて、山河あり、城春にして草木深し……」

芭蕉は、生い茂った夏草のなかに腰をおろして、思わず、杜甫の有名な詩を口ずさみました。そして、義経がいさましく戦った高館のあとに、ただ夏草だけがむら

がっているのを見て、1句をよみました。

　夏草や兵どもが夢の跡

　自然が永遠なのにくらべて、人間のいのちや、おこないは、なんと、はかなく悲しいものだろうかと思うと、芭蕉の胸はいっぱいになったのでしょう。

　藤原氏三代のひつぎがおさめられている、中尊寺の光堂の前に立ったときは、すぎ去った歴史への悲しみをこめて、その美しさをよみました。

　五月雨の降りのこしてや光堂

　ほんとうなら、ここも、なにもかも雨風でくずれ落ちて、ただの草むらになっているところです。しかし、鎌

倉時代に将軍の命でまわりを建物ですっぽりおおわれた光堂は、むかしのまま残っていました。芭蕉は、東北の暗い梅雨が降りそそぐなかに、その光堂だけが明るく浮きあがっているすがたに、心をうたれたのです。

　5月の下旬、立石寺（山形県）にたどりついた芭蕉は、杉木立のなかで、セミの声が岩にすいこまれていくような大自然の静けさを、句にしました。

　　閑さや岩にしみ入る蝉の声

　やがて日本海がわへでて、山や野に降りそそいだ雨がひとつになって水があふれている、最上川を目の前にしたときは、すさまじい川の流れを1句にしました。

　　五月雨をあつめて早し最上川

　また、日本海に浮かぶ佐渡の島かげをのぞみ、夜空に光り流れている天の川を見たときは、その雄大さとさびしさを、17文字のなかに、みごとにうたいあげました。

　　荒海や佐渡によこたふ天の川

●死の床でも夢は旅の空

　およそ半年にわたる『奥の細道』の旅を終えたのちも、芭蕉は、伊賀上野や京都と江戸とのあいだの旅を、くり返しました。ところが、1694年の旅が最後になってしまいました。春に江戸をでて、いちど故郷へもどり、そ

　の足で奈良から大坂へ入ったとき、食べものにあたってたおれ、秋もさかりの10月12日に帰らぬ人となってしまったのです。このとき、ちょうど50歳でした。
　旅に病んで夢は枯れ野をかけめぐる
　これが、旅から旅への人生を閉じようとしたときの最後の句です。やまいの床にあっても、夢のなかでは旅の空をさまよった芭蕉の心に、なみださえさそわれます。
　芭蕉は、旅の詩人でした。旅のなかで自然を愛し人生を見つめて、ものさびしさを、どこまでも深くとらえた俳諧をきずきあげ、それはのちに、与謝蕪村や小林一茶らへと受けつがれていきました。

近松門左衛門
(1653—1724)

歌舞伎と人形浄るりのための名作を書いて、日本の演劇の幕を開けた江戸時代の劇作家。

●武士をすてて町人に

猿楽とよばれる、こっけいなものまねに始まり、1400年ころからは、仮面をつけた役者が、よう曲にあわせた舞を中心に物語を演じるようになった能。

1600年ころ、出雲大社で神につかえる巫女だったといわれる阿国という名の女のおどりからおこり、やがて、はなやかな舞台で、男の役者だけで劇をするようになった歌舞伎。

芸人が、歌をうたいながらあやつり人形を動かしていたのに始まり、歌舞伎と同じころから、三味線と、物語にふしをつけた語りにあわせて、人間のかわりに人形に劇を演じさせるようになった人形浄るり。

この、能楽と、歌舞伎と、人形浄るりを、日本の3大国劇とよんでいます。

　近松門左衛門は、この3大国劇のうち歌舞伎と人形浄るりのためのすばらしい劇を書いて、のちに、東洋のシェークスピアとたたえられるようになった、江戸時代の劇作家です。

　徳川家康が江戸に幕府を開いたのが1603年、近松は、それからちょうど50年すぎた1653年に、越前国（福井県）で生まれました。父は、越前藩の武士でした。

　15歳ころまでの近松は、父母、兄、弟、妹の家族みんなが歌をよむ、心の豊かな家庭で育てられ、たいへんしあわせでした。

　ところが、そのめぐまれた家庭は、近松が、元服とよ

ばれた成人式で杉森信盛と名のってまもなく、くずれ去ってしまいました。父が、ふとしたことから越前藩をしりぞいて浪人になってしまったため、やがて家族は京都へ移り、近松は公家（貴族）につかえてはたらかなければならなくなったのです。

　天皇のそば近くにつかえる身分と家がらを誇りにする公家の社会では、たとえ近松が武家の出身でも低く見くだされ、あたえられる仕事は雑用ばかりでした。

「このままでは、出世など、のぞめない」

　近松は、自分の将来のことを考えてなやみました。しかし、あとになってみると、このとき公家の社会とまじわることができたことは、またとない、しあわせなことでした。

　歌をよんだり人形浄るりを楽しんだりする、公家の人びとのもとではたらいているうちに、しぜんに自分も学問と文芸にしたしむようになり、やがて、劇作家への道を見つけだすことができたからです。

　公家につかえながら勉強したのが何年くらいだったのか、また、30歳になるまでの青年時代をどのようにすごしたのかなどは、わかっていません。24歳のころから劇を書き始めたのだろうといわれていますが、これも、はっきりはしていません。

　ただひとつ明らかなことは、近松が、このおよそ10年のあいだに自分からすすんで武士の身分をすて、身も心も町人になってしまっていたということです。
　近松が書いたものだとみとめられている最初の劇は、人形浄るりの『世継曾我』ですが、これを発表した30歳のときには、武士の杉森信盛は近松門左衛門と名を改めて町人に生まれかわり、もうりっぱな劇作家になっていました。

●いだきつづけた芸術家の誇り

　『世継曾我』は、京都の宇治加賀掾という太夫と、大坂

の竹本義太夫のふたりに争って語られ、大ひょうばんになりました。そしてさらに、2年ごの32歳のときに竹本義太夫にたのまれて書きあげた『出世景清』は、人形浄るりが始まっていらい最高の人気を集めました。

　それまでの人形浄るりは、物語を語る太夫の語りが中心になり、人形に劇を演じさせることは、あまりたいせつにされてはいませんでした。だから、太夫の語りも、ふしまわしにはくふうをこらしても、内容は物語のすじをそのまま伝えるだけのようなものがおおく、人びとをほんとうに楽しませるほどのものには、まだ、なってはいませんでした。

　そこで近松は、人形浄るりに心のこもった息をふきこんで、『世継曾我』や『出世景清』を書いたのです。

　しばい小屋につめかけた町人たちは、生きた人間の役者と同じように劇を演じる人形に、目を見はり、人形どうしの会話をおおくとり入れた劇らしい語りに、胸をわくわくさせました。そして、人間のよろこびや悲しみが伝わってくる物語のすばらしさと、語りの言葉のおもしろさに、われるような拍手をおくりました。

　近松は、このころから、自分が書いた劇には作者近松門左衛門の名を、はっきりとしるすようになり、このことにも、ほんとうの人形浄るりを生みだした芸術家とし

ての、強い心があらわれています。劇を書く作者は、太夫や役者の下ばたらきの役をするのがあたりまえでした。せっかく書いた劇をどのようになおされても文句ひとついえず、まして、自分の名を名のるなどとんでもないことだ、とされていた時代だったのですから……。
「作者のくせに有名になろうなんて、なまいきなやつだ」
　近松は、おおくの芸人たちから非なんされました。しかし、劇の台本にも、劇場のかん板にも、太夫や役者と肩を並べて自分の名をだすことを、やめようとはしませんでした。
　「士農工商」の身分制度が定められて武士の身分が最高

だとされていた時代に、その武士をすててまで芸能の道へとびこんだ近松には、だれにも負けない芸術家としての誇りが、からだのなかで赤くもえていました。

●人形浄るりから歌舞伎へ

　人形浄るりの作家として名をあげた近松は、35歳のころから、こんどは歌舞伎の世界へ入っていきました。
　元禄時代とよばれた平和な世になり、町には、町人を中心にした文化が栄えました。そこで、町人がほんとうによろこんでくれる劇を書くことができるようになるために、元禄時代になって人形浄るりよりも人気がでてきた歌舞伎をとおして、さらに劇作の勉強をすることを決心したのです。
　むかしの歴史のなかのできごとをえがいた劇を時代物、新しい時代の町人社会のできごとを物語にした劇を世話物といい、そのころの大坂に、世話物を演じたら日本一の坂田藤十郎という役者がいました。
　近松は、この藤十郎のもとで、勉強を始めました。
　人形浄るりの劇作家としては有名でも、歌舞伎の世界では無名であることを、よくわきまえ、いつも頭を低くさげてどんなことでもしました。しばいの道具の修理をいいつけられても、いやな顔はしませんでした。人形浄

るりの劇を書かなくなったため、お金が入らず苦しい生活がつづきましたが、町かどで道行く人びとに戦の話などを語って聞かせる、講釈師のまねごとをしたりして金をかせぎ、がんばりとおしました。

「歌舞伎の劇も、きっと、りっぱなものを書いてみせる」

こう思えば、苦しいことなど何もありませんでした。

やがて、40歳をこえた近松は、藤十郎のために『姫蔵大黒柱』『傾城仏の原』『傾城壬生大念仏』など数おおくの劇を書き、歌舞伎の劇作家としても名をとどろかせました。

「歌舞伎は、役者のからだから人間のよろこびや悲しみ

がほとばしりでる、生きた劇でなければならない」

役者と舞台のはなやかさを見せものにしていた歌舞伎を、血のかよったものにしなければいけないと考えた近松は、きびしい世の中のできごとを、だれもが楽しめる劇にくみたてることに成功したのです。

しかし『傾城仏の原』などが大ひょうばんになったのは、近松の力だけによるものではありませんでした。

「藤十郎のすぐれた芸があったからこそ、すばらしい劇になったのだ」

近松は、芸の心を知っている藤十郎をふかく尊敬し、舞台の上の藤十郎のどんな小さなしぐさもしっかりと見つめて、町人たちがよろこんでくれる劇の作りかたを、いつもきびしく学んでいきました。

● **人形でえがいてみせた人間の世界**

坂田藤十郎と力をあわせて、歌舞伎のきそを作りあげた近松は、50歳のころから、ふたたび人形浄るりの世界へもどりました。

藤十郎が年をとり、近松がはなやかな劇を書けば書くほど、からだのおとろえをかくして芸にうちこもうとする、藤十郎の苦しみを見るのが、近松にはつらくなったからだろう、といわれています。

「生きた人間が芸をする歌舞伎のこまやかさをとり入れて、生き生きした人形浄るりの劇を書こう」
　近松は、竹本義太夫一座のせんぞくの作者になり、まず、ちょうどそのころ大坂で起こった事件をもとに、世話物の『曾根崎心中』を書きました。
　この世のおきてにしばられて結婚できず、いっしょに死んであの世でむすばれようとする恋人どうしの悲しみを劇にした『曾根崎心中』は、竹本義太夫が心をこめて語り、大坂道頓堀のしばい小屋はくる日もくる日も、なみだをながす町人たちであふれました。太夫の口からながれでる語りは、どんな大詩人が作った詩よりも美し

かったのです。

近松は、この1作で、またもや人形浄るりの大作家とたたえられるようになりました。そして『冥途の飛脚』『堀川波鼓』『心中天網島』などの世話物の名作を、次つぎに作りだしていきました。

町人の社会で人びとの同情をよせる事件が起こると、近松の筆でまとめられて人形で演じられ、町人たちは、その人形浄るりを見て、自分の身に起こった事件のように悲しんだり怒ったりしました。

世話物のほか、時代物もおおく書きました。

とくに、17世紀の中国を舞台にした『国性爺合戦』が発表されたときには、17か月という長いあいだ興行がつづけられ、歌舞伎と人形浄るりの人気を、ぜんぶさらってしまいました。

中国人を父、日本人を母として生まれた国性爺鄭成功が、清朝と戦って明朝をたてなおす物語は雄大でおもしろく、そのうえ世話物の人情をとり入れた劇のくみたてが、これまでになかった新しい人形浄るりを生みだしたのです。

「おもしろさがあり、迫力があり、悲しさがあり、人形でこれだけの大きな歴史が演じられるとは……」

人びとは、人形浄るりという芸の楽しさと価値を改め

て知り、劇作家近松の力を、さらにたたえました。

●開いた日本の演劇のとびら

　近松門左衛門は、徳川吉宗が江戸幕府をおさめていた1724年に、71歳の生涯を終えました。死がおとずれるまぎわまで筆を持ちつづけ、30歳のころから劇作家として生きたおよそ40年のあいだに書きあげた劇は、約150編を数えています。人形浄るりの劇が約120編、残りの30数編が歌舞伎の劇です。

　しかし、人形浄るりのために書かれた劇には、そののち、歌舞伎でも演じられるようになったものがいくつも

あります。『出世景清』も『曾根崎心中』も、そうです。
　これは、たとえ口をきかない人形に芸をさせる人形浄るりの劇でも、生きた人間の役者が芸を演じるのと同じように、しっかりと書かれていたからです。
　近松は、そののちに現われた演劇の作家たちから、劇作家の先祖だ、神さまだと尊敬され「作者の氏神」とよばれてきました。そして、書き残されたかずかずの劇は、近松の死ご250年いじょうを経たいまでも、おおくの日本人に愛され、上演がくり返されています。かるい見せものだった芸に、日本の国劇への芽をださせた近松の劇には、いつの世にもかわらない人間の心がえがかれているのです。
　生まれたばかりだった歌舞伎と人形浄るりは、近松によって、劇としてみがきあげられました。そして、光を放ち始めた、このふたつの劇によって、日本の演劇のとびらがあけられました。
　もし、江戸時代の始めに劇作家近松が現われなかったら、日本の演劇の発展は、大きくおくれてしまったはずです。そのうえ、ひょっとすると歌舞伎も人形浄るりも、しだいに消え去ってしまったかもしれません。
「死にのぞんで、あとに言い残す辞世はと問われても、とくに語りたいことはなにもない。わたしが書いた劇で、

のちの世に残るものがあれば、それが辞世です」
　息をひきとる10日ほどまえ、やせほそった近松は自分の肖像画のかたわらに、このような意味の言葉を書きそえています。それは、劇ひとすじに生きた近松は、ひとつひとつの劇を、いつも辞世をしるすほどのしんけんさで書いた、ということの表われです。
「身分の高さなど、人間には問題ではない。かた苦しい武士よりも、自由に生きられる町人のほうがすばらしい」
　町人たちを愛した近松は、町人のための劇を書きつづけて、しっかりと地についた日本の劇を、りっぱに育てあげました。

支倉常長 (1571—1622)

　1613年の秋、仙台の西の月ノ浦港から、1せきの大きな船がヨーロッパへむかって出帆しました。船には、仙台藩主伊達政宗のけらいの支倉常長と、およそ150人の武士や船乗り、それに神父ルイス・ソテロをはじめ日本へきていた40人ほどのスペイン人が乗っていました。

　このとき42歳だった常長は、日本とスペインとの貿易を開くために、政宗の使者として、スペイン国王とローマ法王のもとへ旅立ったのです。船は、約3か月かかって太平洋を越え、さらに大西洋を渡って、スペインの港へ入りました。

　スペインの首都マドリードにたどりついた常長は、国王に、政宗からの手紙を渡しました。そして、教会で洗礼を受けてキリスト教の信徒となり、やがてローマへ行って、ローマ法王に会いました。法王からは、ローマ市民権と貴族の称号があたえられました。

　ところが、ローマ法王からも、スペイン国王からも、日本とスペインとの貿易は、許してもらえませんでした。そればかりか、スペイン政府は、船に乗ってきた日本人を、つめたくあつかうようになってしまいました。

　政宗からの手紙には、日本でキリスト教をひろめることを許すかわりに、スペイン国と貿易させてほしい、と書いてあったのですが、ローマ法王もスペイン国王も、江戸幕府はキリスト教を禁じ、日本ではキリスト教信者が苦しめられていることを、知っていたのです。

　「使者の役目は果たせなかったが、しかたがない」

　常長は、暗い気持ちで船に乗り、マニラに2年ちかくとどまったのち、1620年に日本へ帰ってきました。月ノ浦をでてから7年の歳月がたっていました。
　常長の苦労は、なにもなりませんでした。そのうえ、7年ぶりの日本は、キリスト教のとりしまりが、さらにきびしくなり、洗礼を受けてキリシタンになってもどってきた常長は、あわれにも政宗から見捨てられてしまいました。そして、やがて病にたおれ、日本へ帰ってきて2年めに、51歳の生涯をひっそりと閉じてしまいました。
　支倉常長は、1571年に生まれ、少年のころから仙台藩につかえた、まじめな武士でした。21歳のとき、朝鮮との戦いでてがらをたてたこともありました。
　常長の一生は悲劇でした。しかし、荒海を越えて見知らぬ外国へのり込んだ勇気は、いまも高くたたえられています。

出雲の阿国（生没年不明）

　天下分け目の関ヶ原の戦いが起こった1600年ころのことです。賀茂川（京都府）のほとりの四条河原で、かね、太鼓を打ち鳴らし、念仏をとなえながら踊る一座が、人気を集めていました。

　人気のまとになっているのは、すがたが美しく、声がきれいで踊りのじょうずな、出雲の阿国とよばれた女の芸人でした。

　武士中心の社会では、女は男よりも身分が低いものとされ、女が人前で舞台に立つことなどありませんでしたから、人びとはよけいに、女芸人がめずらしくてしかたがなかったのです。

　阿国は、幼いころから、旅芸人として踊っていたといわれます。また、出雲大社（島根県）の巫女として神につかえ、大社を修理する費用を集めるために京都へ踊りにきたとも伝えられています。しかし、はっきりしたことは、わかっていません。

　1603年ころ、阿国は、男の衣装を身にまとい、腰には刀をさし、武士が茶屋女とたわむれる舞台を演じました。武家社会のようすを、おもしろおかしく皮肉った軽い劇です。また、狂言師を相手に、流行していた歌や遊び、話題になっていた事がらなどをたくみにとり入れて、歌ったり踊ったりしてみせました。

　いつのまにか、阿国一座の舞台は、かぶき踊りとよばれるようになりました。たいへん風変わりな踊りだったからでしょう。かぶきというのは、奇妙なふるまいや、すがたをさす言葉でした。世の中からはみだした人間を、かぶき者とよんだほどです。

　人びとの目には、阿国の芸が、それまでの芸能の世界からはみだしたものにうつったわけです。しかし、男のすがたをした阿国の踊りは、奇妙であればあるほど評判になり、遊女を中心

　に、まねをする女たちが次つぎに現われました。そして、その芸を女かぶきとよぶようになりました。
　やがて東へ向かった阿国は、江戸でも、大評判になりました。仮面をつけて静かに動くことを主にした能楽の舞いに対して、仮面をつけずに、とんだりはねたりする踊りが、江戸のはなやいだふんいきに、とけ込んでいったからです。1607年には、幕府の第2代将軍徳川秀忠の前でも踊ったと伝えられています。
　阿国のかぶき踊りは、おおくの女かぶきの一座によって全国へ広まっていきました。しかし、風紀の乱れを心配した幕府は、1629年に、女の芸人が人びとの前で舞台に立つことを禁止してしまいました。その後、かぶきは歌舞伎と字が当てられ、男だけが演じる時代をむかえます。
　阿国は、こうして、歌舞伎のもとをきずいた芸能者として歴史に名を残しました。でも晩年のことは、やはりわかりません。

宮本武蔵 (1584 ころ―1645)

　宮本武蔵は、江戸時代初めのころの剣豪です。生まれは美作国（岡山県）とも、播磨国（兵庫県）ともいわれています。父、新免無二斎は、田舎で道場を開く武芸者でした。

　のちに郷里宮本村の名をとって宮本と名のるようになった武蔵は、幼いときから父に剣を習い、早くも12歳のときには新当流の有馬喜兵衛と試合をして打ち負かすほどの腕になりました。やがて武者修行をめざしたのか、あてもなく村をでました。

　1600年、美濃国（岐阜県）で関ヶ原の戦いが起こりました。西軍の兵のなかに、足軽すがたの武蔵がいました。てがらをたてて、武士として出世することを夢見たのです。でも、石田三成の西軍は、徳川家康の東軍に負けてしまいました。

　武士になりそこなった武蔵は、京都へ行きました。都で、剣の道で名をあげようと考えたのかもしれません。20歳でした。

　京都へ入ったその年のうちに、武蔵の名は、大花火を打ちあげたように、都じゅうに広まりました。京都一の道場をかまえていた吉岡家に試合を申しこみ、その一族を、次つぎに打ちたおしてしまったからです。

　そのごの武蔵は諸国をめぐり、槍術の宝蔵院、棒術の夢想権之助、くさり鎌使いの宍戸典膳などの達人と立ちあって、ことごとく勝ち、1612年には、九州の舟島（巌流島）で佐々木小次郎を、舟のかいで作った木刀で一刀のもとに打ちすえました。巌流島の戦いに勝ったときは28歳でしたが、武蔵は、このころまでに、およそ60回も他流試合をおこない、しかも、たったの一度も敗れたことがなかったということです。

　武蔵は、剣法にすぐれていました。しかし、どんな試合にも勝つことができたのは「わたしが強かったのではなく、ほかの武芸者が兵法を知らなかったからだ」といっています。武蔵には、わざと約束の時間におくれて、相手を怒らせて勝った試合が、なん度もありました。これも、兵法のひとつだったのです。
　30歳をすぎた武蔵は、他流試合をやめて、武士として仕官することを考え、江戸幕府にも、尾張藩（愛知県）や黒田藩（福岡県）にもはたらきかけました。でも、召しかかえられるときの禄高などで話がまとまらず、けっきょくは肥後藩（熊本県）にまねかれたのち、熊本城内で亡くなりました。62歳でした。
　武蔵は、剣法だけではなく、絵、彫刻、書などにもすぐれていました。また肥後藩で書き残した『五輪書』は、説かれている兵法のするどさにあわせて、その文章のたくみさがたたえられています。

山田長政 (？—1630)

　インドシナ半島のほぼ中央部にあるタイ王国は、1938年までの国名をシャムとよんでいました。山田長政は、そのシャムの国で活躍した、日本人町の指導者です。
　長政は、豊臣秀吉が天下を統一していた時代に、駿河国（静岡県）で生まれました。はっきりした生年はわかりません。沼津藩につかえていたころは、藩主大久保忠佐のかごかきをしていたと伝えられています。
　秀吉の時代から江戸時代の初めにかけて、海外へ出て貿易をおこなうために必要な朱印状をもって、南の国へ渡る、朱印船とよばれる船がありました。そして、この船でわたった商人や、キリスト教を信じたために日本を追われた人びとを中心にして、南の各地にいくつもの日本人町が生まれました。
　長政が駿河の港から船に乗り、台湾を通ってシャムの国へついたのは、1612年のころです。このとき何歳だったか正確にはわかりませんが、20歳を少しすぎていたと思われます。
　シャムの首都アユタヤの日本人町におちついた長政は、ソンタム国王を助けてとなりの国ぐにと戦っているうちに、しだいにみとめられ、1620年には日本人町の頭領になりました。国王から、シャムの国の高い官位もさずけられました。
「日本とシャムが親しくなるために、力をつくそう」
　戦いがしずまると、シャムの外交を助け、1621年に国王が日本へ使節をはけんしたときには、江戸幕府へ手紙を送り、使節をあたたかく迎えてくれるようにたのみました。
　また、日本から貿易にやってくる朱印船のためには、鹿皮や

鮫皮など、シャムでとれるめずらしいものを集めてやりました。朱印船をまたずに、自分の貿易船を日本へ送りこんだこともありました。長政は、遠い南の国で暮らすようになっても、心のなかでは、祖国の日本を忘れることはできなかったのです。

　1628年、国王ソンタムが死にました。すると、つぎの王位をねらって王の弟と王子のあいだで争いが起こり、長政は、日本人800人とシャム軍2万人をひきいて、王子に味方しました。

　長政の軍が戦いに勝ち、王子が王になりました。ところが、長政はそれから2年のち、新しい王をほろぼして自分が位についたソンタムのいとこのオヤ・カラホムにだまされ、殺されてしまいました。また、アユタヤの日本人町も焼きはらわれてしまいました。このとき長政は40歳くらいでした。

　長政は、海外へ勇ましくとび立っていった英雄でした。しかし日本は、長政の死からおよそ10年のちに鎖国してしまいました。

俵屋宗達（生没年不明）

　京都市東山区にある建仁寺に『風神雷神図』をえがいた国宝のびょうぶが残っています。鬼のような顔をした、風をつかさどる神と雷をつかさどる神が、雲に乗って空を飛んでいる日本画です。金色のびょうぶの右左にえがいた神は、いまにもあらしを起こしそうな迫力にあふれ、江戸時代の日本画の最高けっ作のひとつに数えられています。

　この名画をかいたのが俵屋宗達です。

　宗達は、この名画が物語るとおり、江戸時代初めのころの、すぐれた日本画家です。しかし、生涯のことは、ふしぎなほど不明です。生まれた年や死んだ年さえわかりません。絵のほかには、宗達のことを伝えるものが、ほとんどないからです。

　宗達が初めのころにえがいたものは、扇、色紙、短冊、本などを飾った小さな絵でした。金銀の粉をとかした絵のぐでかいた、金銀泥絵とよばれるものです。書の名人本阿弥光悦が書く文字の下にえがいたものが有名ですが、数では扇絵がおおく、宗達は京都の町で扇屋を開く町絵師だったのだろう、と考えられています。

　しかし、ただの町人絵師ではありませんでした。茶道の名人千利休の次男の少庵を茶の湯の会に招いたことが伝えられており、文化人とのまじわりのおおい、教養の深い人物だったようです。生活も豊かだったにちがいありません。

　四季の草花、波、鹿などをおおくえがいた金銀泥絵のあと、やがて宗達は、大きな水墨画にいどむようになりました。

　1621年に、京都養源院の、ふすま20面にえがいた松の絵、

　杉戸4枚にえがいた獅子や象の絵が、初めての大作です。そして、そののち10年ぐらいのあいだに『風神雷神図』をはじめ『松島図』『源氏物語関屋澪標図』などのびょうぶ図の名画を、つぎつぎにえがいていきました。
　宗達は、生きているあいだに、朝廷から、すぐれた仏師とか僧、歌人、絵師、医者などにあたえられる、法橋という位をさずけられていましたが、この法橋という位を受けたのは、水墨画の大作をえがき始めたころとみられています。
　初めは職人のような町絵師だった宗達は、それまでの日本画に、いかにも町人あがりらしい大たんな技術を加えて、自分だけの絵の世界をきずきあげたのです。
　宗達には、金銀泥絵をかいていたころから、たくさんの弟子がいました。しかし、美しい広がりをもつ絵は、ほとんど、だれにもひきつがれませんでした。

狩野探幽（1602—1674）

　15世紀の室町時代の中ごろから19世紀の明治時代の初めまで、およそ400年にわたってつづいた日本画に、狩野派とよばれたものがありました。狩野正信という人が、中国から伝わってきた、墨でえがく漢画をもとにしておこした日本画です。
　1602年に京都で生まれた狩野探幽は、その狩野派の、江戸時代の初めのころの画家です。2歳になったばかりのころから、泣きだした探幽に絵筆をにぎらせると、すぐに笑ったと伝えられるほど、早くから絵の天才とさわがれました。
　12歳のとき、将軍徳川秀忠の前で、いまにも目をさましてむっくりと起きあがりそうな眠りねこの絵をかいて、将軍をおどろかせました。また、14歳で、江戸城内の天井にまるで生きているような龍をえがいて、幕府の武士たちを、あっといわせ、つぎの年には、幕府の仕事をする御用絵師にとりたてられました。そして、まだわずか15歳というのに、江戸の鍛冶橋に大きな屋敷もあたえられ、ふたりの弟と仲よくしながら、江戸と上方（関西）のあいだを盛んに往復して、活躍するようになりました。
　探幽が、とくにうちこんだのは、江戸城、二条城、大坂城、名古屋城、京都御所、日光東照宮、京都南禅寺などの障壁画でした。大きなへやの壁、ふすま、板戸、それに、びょうぶや、つい立てを、松、竹、花、鳥、虎などで、みごとに飾りあげていったのです。狩野派がえがいたものでなければ日本画ではない、といわれるまでになり、貴族や大名たちも屋敷を造りかえては、頭をさげて探幽をむかえました。

　障壁画のほか、徳川家康の一生をえがいた『東照宮縁起絵巻』などの絵巻物にもうでをふるい、おしもおされもせぬ大家になった探幽は、34歳のときに髪をそって出家しました。それまでのほんとうの名は守信といい、探幽と名のるようになったのは、このときからです。
　探幽は、偉大な画家の地位をきずき、おおくの弟子をかかえ、大名をしのぐほどの金持ちにもなりました。しかし、芸術家としての探幽は、けっして、おごりたかぶることはありませんでした。年をとってからも、外へでるときは紙をふところへ入れ、目についたものを写生して、いつも学ぶことを忘れなかったということです。
　60歳のとき朝廷から法印という高い僧の位をさずけられた探幽は、それから12年ののち亡くなりました。そして、狩野派の日本画は、弟や弟子たちに大きくひきつがれていきました。

徳川家光 (1604—1651)

　徳川家光は、江戸幕府の第3代将軍です。1604年に、2代将軍秀忠の次男として生まれましたが、兄は2年まえに亡くなっていたので、長男のように育てられました。とくに祖父の家康から、将軍家のあとつぎとして深くかわいがられました。
　ところが、2年のちに弟の国松が生まれると、両親は、無口でおとなしい家光よりも、きびんで活発な国松をかわいがるようになりました。そして、およそ10年のちに、家康が「世つぎは家光にせよ」と秀忠にいいわたすまでのあいだは、この世つぎをめぐって兄弟でにらみあわねばなりませんでした。
　1623年、秀忠はいん居して大御所となり、19歳の家光が天下を治める将軍の位につきました。
　しかし、将軍にはなっても、それからの10年間は、将軍らしい権力をふるうことは、なにひとつできませんでした。1632年に大御所が亡くなるまでは、大御所をとりまく幕府最高職の老中たちが、すべての政治をとりしきったからです。
　父の死ご、28歳の家光は、初めて将軍として活躍するようになり、まず、老中から奉行まで幕府につかえる武士たちの位や仕事をととのえ、強い政治をおし進めるための幕府の体制を固めました。
　つぎに、大名をしたがわせるために家康が定めていた「武家諸法度」の力を強めて、全国の大名をかわるがわる江戸によびつける参勤交代の制度を新しく作り、大名たちをさらにきびしくとりしまるようにしました。
　いっぽう、豊臣秀吉から徳川家康へとひきつがれてきたキリ

スト教禁制にも目を光らせ、外国へ行っている日本人が日本へ帰ってくることも、日本の船が外国へ行くことも、ポルトガル船が日本の港へ入ることも、長崎のオランダ人が出島の外へ出歩くことも、すべて禁止してしまいました。外国といっさいまじわらない日本の鎖国を開始したのです。

　生涯、家康を心から尊敬していた家光は、1636年には、ばく大なお金をつぎこんで日光東照宮を建て、家康をここにまつりました。そして、46歳で亡くなったときには遺言で、自分のなきがらも、この東照宮にほうむらせました。

　家光は、農民たちからは年貢をきびしく取りたてながら、自分はぜいたくな暮らしをして、やがては幕府の財政を苦しめるようになりました。しかし、祖父家康と父秀忠がきずいた幕府を、さらにしっかりしたものにした功績は、のちの将軍たちにたたえられました。

「読書の手びき」

徳川家康

徳川家康は、征夷大将軍に任じられて江戸幕府を開き、戦国時代に終止符をうって、およそ2世紀半にもわたる平和、安定の時代を開きました。このことは、そのごの幕府に批判があるとしても、まぎれもなく偉業です。しかし、忘れてならないことは、その偉業は、家康1人で成就し得たものではなく、織田信長や豊臣秀吉たちが残したものの集積と、無数の武士や農民たちの屍の上にきずかれたものだということです。だから、歴史は重いのです。死のまぎわの秀吉に、秀頼を守って豊臣家を盛りたてていくことを誓っておきながら、10数年ごには、その秀頼さえも殺してしまいました。これ一つにも、歴史の重苦しさを感じないわけにはいきません。武家諸法度によって大名統制が進められ、士農工商の身分制によって武士の支配社会がつくられた江戸幕府。家康という人間の評価は、長い歴史をひもときながらとらえられなければ、正しいものにはならないようです。

松尾芭蕉

さび、しおり、細み、かるみ。これが、芭蕉の発句の理念でした。しかし、それは、もの静かな趣や、人間と自然へのあわれみや、幽玄な美などを、たんに、ことばで句に盛り込むことを理想としたのではありません。まったく自然に湧きあがってくる発句の心の色あいを言い分けたものです。『野ざらし紀行』『鹿島紀行』『更科紀行』『奥の細道』など、39歳のときに母を失ってからの芭蕉は、そのごの生涯の殆どを旅に生きました。世俗にとらわれる心を断ち切り、風雅の理想をつらぬきとおすために、旅のなかに身を置いたのです。そして、最後に到達したのは、自分を大きな自然にゆだねて無私の境地に立ち、軽く浅く自然に発句することでした。「此の道や行く人なしに秋の暮」「秋深き隣は何をする人ぞ」などの